アクティブ・ラーニング 学習発表編

新聞づくりからディベート、ワークショップまで

[監修] 西岡加名恵

PHP

はじめに

　みなさんは、みんなで分けてもへらないものを知っていますか？　それは、ろうそくの灯と情報です。みなさんのアイデアや発見は、ほかの人に伝えてもへることはありません。みんなで共有することによって、みんなが楽しんだり驚いたり、あるいはよりよく生きる助けとなります。ろうそくの灯を広げていけば大きな明かりとなるように、情報も時には世の中を変える力になります。でも、みなさんがアイデアや発見を伝えなければどうでしょう？　ひょっとしたら、みなさん自身もそのアイデアや発見を忘れてしまうかもしれません。

　この本は、みなさんのアイデアや発見を、どういうふうにほかの人に伝えることができるのか、つまりどのように学習発表をできるのかについてしょうかいしているものです。学習発表の方法には、紙面で伝えるかべ新聞やリーフレット、対話しながら伝えるプレゼンテーションや討論会、ものと体を使って伝える劇やワークショップなど、さまざまなものがあります。
　また、発表するときには、目的や相手、伝えたい内容によって、方法を変えたほうがいい場合もあります。「正しい情報」を「わかりやすく」伝える、「情報のもと」を明らかにする、といった約束事もあります。この本では、学習発表のさまざまな方法について、進め方のコツをしょうかいしています。

　ところで、みなさんは発表することが好きですか？　「ほかの人に発表するのは、ドキドキしちゃってはずかしいなぁ」「質問されたら、いやだなぁ」と思っている人もいるかもしれません。でも、実は、発表するということ自体が、新しいアイデアや発見を生み出す機会でもあるのです。たとえば、ほかの人から質問をもらえたら、あなたはその人の見方や考え方を学ぶことができます。すぐには質問に答え

られないかもしれません。でも、そんなときには、「質問をありがとうございます。これからもっと調べたり考えたりしてみます」と答えて、あなた自身の次の学習につなげればいいのです。そうやって質問を楽しむことができるようになっていけば、きっとドキドキやはずかしさも、だんだんへっていくことでしょう。

　ちなみに、すばらしい学習発表をするいちばんのコツは、すばらしい内容を用意することです。そのためには、みなさんが取り組む「調べ学習」自体を充実させることも必要でしょう。「調べ学習」のコツについては、『アクティブ・ラーニング　調べ学習編』も参照してみてください。

　最後に、この本のタイトルである「アクティブ・ラーニング」について、しょうかいしておきましょう。アクティブ・ラーニングというのは、興味や関心をもち、見通しをもって取り組む「主体的な学び」、さまざまな人々との対話を行う「対話的な学び」、教科などで学んだ概念や方法を活用する「ふかい学び」の3つを兼ね備えたような学習のことをいいます※。予測困難な時代において未来の創り手となるうえで必要な力を身につけるために、アクティブ・ラーニングが重要だと考えられているのです。本書であつかう「学習発表」は、まさしくアクティブ・ラーニングの典型といえるでしょう。

　この本が、みなさんのアクティブ・ラーニングのガイドブックとなることを願っています！

2017年1月

西岡加名恵

※中央教育審議会「幼稚園、小学校、中学校、高等学校及び特別支援学校の学習指導要領等の改善及び必要な方策等について（答申）」（2016年12月21日）参照

もくじ

アクティブ・ラーニング
学習発表編

はじめに ……………………………………………………… 2

発表は楽しい！ ……………………………… 6

どんなことを発表したい? ……………………………… 6
何を発表しようかな? …………………………………… 7
どんな発表の方法があるの? …………………………… 8
発表の方法を決めよう! ………………………………… 9
どんな発表がよいのかな? ……………………………… 11

紙面で伝える方法

かべ新聞をつくろう！ …………………… 12

発表用のポスターをつくろう！ …18

パンフレット、リーフレットをつくろう！ …………………………………… 21

対話しながら伝える方法

プレゼンテーションをしよう！ ….. 24
話し方のコツ …………………………… 28
聞き方のコツ …………………………… 29

質問をもらおう、質問しよう …… 30

ディベートをしよう！ ……………… 32

学級討論会をしよう！ ……………… 36

ものと体を使って伝える方法

劇をつくろう！ ………………………… 40
演技のコツ ………………………………… 43

ワークショップをしよう！ ………… 44

さくいん ………………………………………… 47

発表は楽しい！

どんなことを発表したい？

あなたはどんなことを発表したいですか。
「ずっと観察してきたチョウのことを発表したい」「商店街を盛り上げようとしている人たちのことを知らせたい」「理科で勉強した地震について、くわしく調べてみんなに伝えたい」「ごみをへらすことが必要だとうったえたい」など、自分が好きなこと、感動したこと、調べたこと、説得したいことなど、発表したいことがらはたくさんあるでしょう。

あるいは、「自分から進んで発表はしたくないけれど、発表しないといけないのでしかたない」と思っている人もいるかもしれません。

口頭での発表に不安があれば、かべ新聞から始めたり、グループの発表に参加したりして、少しずつ自信をつけていくこともできます。

最初は、難しいことを伝えようと思わず、**調べてわかったことをみんなに伝えたい**という気持ちで始めてみましょう。

国語で「新聞づくり」を勉強したよ。
班ごとに新聞をつくることになったんだ。
かっこいいものをつくりたいな。

社会で「郷土の発展につくした人」を学習したわ。
わたしたちの町は、昔は大雨のたびに川がはんらんして大変だったらしいの。
町の発展につくした人のことを調べて発表したいわ。

弟が来年、1年生になるけど、学校のことがすごく不安らしいの。
新1年生に向けて「春風小学校のふしぎ」のタイトルで、楽しそうなパンフレットをつくりたいわ。

空気中の二酸化炭素の量が増え続けていると聞いたよ。
ぼくたちにどんな影響があるか、ぼくたちに何ができるかを調べて、みんなに伝えたいな。

何を発表しようかな？

発表にはどんなテーマがよいでしょうか。
　自分が好きなこと、毎日の暮らしのなかでふしぎに思ったこと、もっと調べたいこと、みんなの意見が知りたいことなどをテーマにしましょう。

発表は楽しい！

- モンシロチョウの成長記録を発表したい。
- 集めた石について、調べて伝えたい。

 自分が好きなことを伝えたい

- 好きな人物について、調べて発表したい。
- お気に入りの音楽のみりょくを伝えたい。

- 理科で学習した「月の満ち欠け」について、わかりやすく説明したい。
- 「植物工場」を見学したことを発表したい。
- 国語で学習した「漢字の成り立ち」をもっと調べて発表したい。

 学校で勉強したことをもっと調べて伝えたい

- 江戸時代の日本ではやった「算額」について、調べて伝えたい。
- 社会で学習した「安全な暮らしと町づくり」から、わたしたちの町の安全について調べたい。

- 町の発展につくした人のことを伝えたい。
- 町で働く人たちのことを伝えたい。

 町のこと、身近な人たちのことを伝えたい

- 自分の家族のことを伝えたい。
- 町のなかのすてきな場所のことを伝えたい。

- 学校の制服はないほうがよい。
- 公園のごみ箱はなくしたほうがよい。

 みんなに意見を伝えて交流したい

- 学校の座席は自由にすわれるほうがよい。
- 給食はないほうがよい。

どんな発表の方法があるの？

伝えたいことについて、どのように発表したらよいでしょう。
発表のしかたには、大きく分けて、**紙面で伝える方法**、**対話しながら伝える方法**、**ものと体を使って伝える方法**があります。
それぞれの発表の特徴を考え、発表の方法を決める参考にしましょう。

紙面で伝える方法

新聞……………大勢の人たちに向けて、調べたことがらや集めた情報を紙面の大きさに合わせてまとめ、記事にしたもの。
パンフレット……小さな冊子。
リーフレット……1枚の紙を2つ折りや3つ折りにしたもの。

- たくさんの人に読んでもらえる。
- 写真、絵、グラフなどを使って、紙面を読みやすくできる。
- 一人でも、グループでもつくれる。 ●調べたことを長く保存できる。
- 伝えたい情報量に合わせて、大きさ・形・枚数を調整できる。
- パンフレットやリーフレットは持ち運ぶことができる。
- コピーをして何枚（何冊）もつくれる。

かべ新聞はしばらくの間、通りかかった人に見てもらえそうね。

たくさんの内容を伝えたいときは、パンフレットだね。リーフレットはいちばん簡単にできそうだ。

ものと体を使って伝える方法

劇………………台本をもとに演技をして、ことばと動きで伝えたいことを表現する発表のしかた。役を演じる人だけでなく、せりふ以外のことを補足するナレーター、音楽や小道具を用意する人たちなどでつくりあげる。
ワークショップ……実物を使ったり、実際につくったりなど、参加者に体験してもらう発表のしかた。

- 劇は、演技やことばを使って、観客にわかりやすく伝えることができる。
- ワークショップは参加者が実物にさわったり、つくったりなど、体験してもらうことで、話だけではわかりにくい内容が伝わりやすくなる。

対話しながら伝える方法

プレゼンテーション……聞き手に向かって、伝えたい内容を写真やイラスト、図など、さまざまな資料を使い、視覚的にしょうかいしながら説明する発表方法。

ディベート……………1つのテーマについて、賛成派グループと反対派グループに分かれて意見をたたかわせる話し合い。

学級討論会……………1つのテーマについて意見を言い合い、解決策などを見つける話し合い。

- 1つのテーマをいろいろな側面からほり下げてしょうかいできる。
- 発表後、その場で質問を受けて応答ができ、意見の交換ができる。
- 課題について、参加者全員が考えをふかめることができる。

ディベートは、物事を賛成・反対の両面から考え、比較して検討できるね。学級討論会は、みんなが参加できるよ。

プレゼンテーションは、聞き手の反応を見ながら話せるわ。

発表は楽しい！

発表の方法を決めよう！

　発表の方法は、夏休みの自由研究のように「一人で発表する」か、学校の授業時間に「グループで発表する」かなど、発表する人数でも変わってきます。

　また、「発表の日」がいつかによって、準備する期間がちがいます。準備にかけられる時間を考えて、無理をせず、準備できる発表方法を選ぶようにしましょう。

　発表する内容によっては、紙面だけでなく、聞き手と対話をしながら発表したほうが効果的なものや、劇などで興味をもってもらうほうが伝わりやすいものもあります。

発表方法の選び方に迷ったときは、調べたことをどのように伝えたいかで決めるとよいでしょう。

伝える相手によって、発表の場所が変わってくるよ。
伝える相手が多いときは、たくさんの人たちに見てもらえる場所を考えよう。

```
だれに伝える？ ──→ クラスの人 ──→ 教室を使って発表
              └─→ 学校の人    ──→ 教室・ろうか・講堂・
                  地域の人         体育館を使って発表
```

どのように伝えたいかで、発表の方法が変わるね。

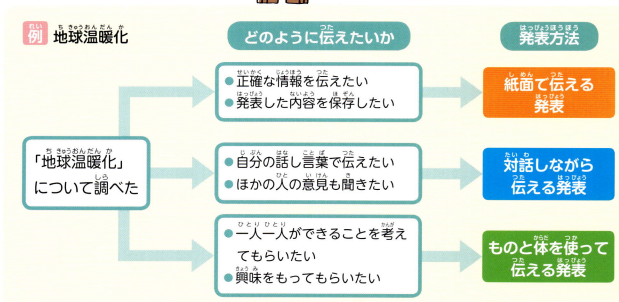

どうしたら相手に関心をもってもらえるか、
相手はあらかじめどれくらいのことを知っていて、
どんな説明をすればわかりやすいか、
といったことも考えることが大事だね。

どんな発表がよいのかな？

みんなにいちばん伝えたいことを中心にしよう

　発表に向けて情報を集め、作業を進めていくうちに、いろいろと書き加えたり、話したりしたいことがらが増えてきます。たくさんの内容を入れすぎると、いちばん伝えたいことがぼやけて、「何を伝えるのか」という目的がわかりにくいものになります。
　何をいちばん伝えたいかを考えて、それが中心になるような発表をしましょう。

正しい情報を伝えよう

　くわしく調べたいこと、もっとみんなに知らせたいことは、本やインターネット、博物館や資料館などで調べます。
　あなたが疑問に思ったことは、みんなも同じように思うことでしょう。わからないことはそのままにしないで、調べて発表できるようにしましょう。

情報のもとを伝えよう

　調べた情報はどこから得たものかを書いておきましょう。本のときは、「監修者や著者名、書籍名、発行所（出版社）、発行年、ページ番号」を書きます。なお、**ほかの人から聞いた話や、ほかの人が写っている写真は、本人の許可なく発表してはいけません。**

相手の立場になって伝えよう

　本で解説されていることがらのなかには、難しいことばを使っているものがあります。必要な場合には、本のことばをそのまま使うのではなく、みんながわかることばに言いかえましょう。とくに、紙面での発表ではなく、プレゼンテーションのように口頭で発表するときには、できるだけわかりやすいことばを使いましょう。
　また、悪気のない表現でも相手を傷つけてしまう場合があります。だいじょうぶかどうか、事前に先生やおうちの人に見てもらいましょう。

みんなでつくりあげよう

　グループごとの発表では、グループの一人一人が活やくできるようにします。調べた資料や、自分が疑問に思ったこと、解決したことなどは、ファイルにまとめて残しておきましょう。発表では使わなかった情報も、質問されたときに役立ちます。
　発表に向けて役割を決め、みんなで協力してつくりあげましょう。

発表は楽しい！

紙面で伝える方法

かべ新聞をつくろう！

かべ新聞づくりの進め方

1. 新聞にするテーマを決める
2. どんな新聞にするかを決める
3. 資料を集める
4. わりつけを決める
5. 記事の下書きをする
6. まちがいがないか、読みかえす
7. 清書する

手順1　新聞にするテーマを決めよう

授業で習ったこと、もっと調べてみたいこと、みんなに知らせたいことなどから、新聞にしたいテーマを決めます。

- ろうかにはる「かべ新聞」をつくるから、みんなが関心をもつ内容がいいね。
- もうすぐ運動会だから、運動会のことはどうだろう。
- 社会で勉強した地球温暖化のことを伝えたいわ。
- 理科で勉強した植物や動物のおもしろい話をしょうかいしたいな。
- 新聞の紙面はかぎられているから、テーマをしぼることが必要ね。

手順2　どんな新聞にするかを決めよう

新聞のテーマが決まれば、次のように新聞づくりの計画をたてましょう。

新聞の形を決めよう

新聞には、さまざまな種類があります。新聞をつくり始める前に、どんな新聞にするのかを決めておきましょう。

最初に決めること

- 読むのはどんな人？
- 新聞はどんな大きさにする？
- つくる人の数は？
  （一人でつくるか、グループでつくるか）
- 1枚だけつくってかべにはる新聞？印刷やコピーをして何枚も配る新聞？

紙面で伝える方法

新聞名を決めよう

　新聞のテーマが決まれば、テーマに合う新聞名を考えます。名前を考えることで、調べたい内容がわかりやすくなる効果もあります。ただし、新聞名は、記事ができあがった後で決めてもかまいません。

　新聞名は、「環境問題新聞」「夏休み新聞」「歴史新聞」のように内容を知らせる目的のものもありますが、「町のひみつ新聞」「ふしぎ発見新聞」「タイムスリップ新聞」のように読み手が「なんだろう？」と思う新聞名をつけても楽しいでしょう。

「運動会新聞」にする？

名前はわかりやすいものにして、タイトルで引きつけようよ。

みんなが待っているから、わくわくする名前がいいわ。

記事にしたい内容を決めよう

　テーマが決まれば、新聞にのせたいことを書き出します。

　新聞の紙面はかぎられています。いろいろな内容をつめこまないで、新聞でいちばん伝えたいことを中心に考えましょう。

テーマ　例：運動会についての新聞
- 今年の運動会の見どころ ➡ インタビュー
- 速く走れるコツをしょうかい ➡ 調べる
- 運動会をささえる人たち ➡ インタビュー
- みんなが好きなお弁当 ➡ アンケート
- 運動会の人気種目 ➡ アンケート
- 昔の運動会 ➡ インタビュー

読んだ人に興味をもってもらえるような記事を書きたいわ。

担当を決めよう

　新聞にのせる内容が決まったら、だれが何を担当するかを決めます。

わたしはインタビューをして、記事を書きたいわ。

ぼくはマンガ！

手順3 資料を集めよう

しょうかいするための情報を集めます。インタビューする人や取材する場所のことは、あらかじめ図書館や博物館、インターネットなどで調べるとよいでしょう。観光や産業についてのパンフレットは、区役所や市、町や村の役場でもらうこともできます。

アンケートは、テーマについて多くの人の意見を取り上げることができるので、説得力があります。知りたいこと、調べたいことをはっきり決めた後、アンケート用紙をつくりましょう。結果は、表やグラフにすると、特ちょうがとらえやすくなります。

表
運動会の人気種目

運動会の種目	人数
リレー	76
つな引き	42
借り人競争	30
大玉ころがし	22
二人三脚	14
台風の目	10
その他	6
合計	200

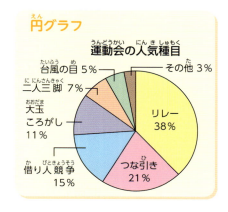

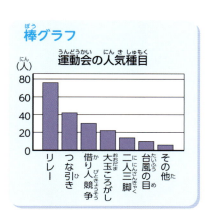

表は人数のちがいがよくわかるね。円グラフと棒グラフは、どの競技に人気があるかわかりやすいね。

インタビューをしよう

インタビューとは、直接、人から話を聞くことです。目的とたずねる内容を考えて、インタビューをする相手を決めます。相手が決まれば、テーマを意識して、質問する内容を事前に決めておきましょう。話を進めていくなかで、疑問に思うことがあったり、わからないことがあったりしたときは、その場でたずねるようにします。

新聞に人物や建物、資料などの写真をのせたいときは、必ず許可をとってさつえいしましょう。

インタビュー　例：運動会についての新聞
- 今年の運動会で見てほしいところはなんですか？
- 運動会の係になって、どんなところが大変でしたか？
- 昔の運動会でどんな競技がおもしろかったですか？
- 今の運動会とちがうところはどこですか？

紙面で伝える方法

手順4 わりつけを決めよう

新聞の記事が入る場所を決めることを「わりつけ」といいます。新聞にのせる順を考えて、記事の位置を決めていきます。

いちばん伝えたい記事は、新聞の上の段で、新聞名に近い位置におきます。絵・図・写真・マンガを入れたいときや、記事に関連する内容をしょうかいしたいときは、その位置も考えておきましょう。

わりつけは、読者が読む順で迷わないようにしよう！

わりつけ

見出し
記事の内容を短いことばで表したもの。「なんだろう」「おもしろそう」と読む人を引きつける工夫をする。

段の数
新聞がB4（たて36.4cm・横25.7cm）の大きさでは5～6段。
A3（たて42.0cm・横29.7cm）の大きさでは6～7段。

例：大見出し／新聞名／4コママンガ／トップ記事／発行日・発行者／かこみ記事／第2の記事／第3の記事

段と段の間がはっきり分かれてしまうと、紙面に動きがなくて、わくわく感がない！

文章の間に写真が大きく入っていると、文がどこにつながっていくのかわかりにくい！

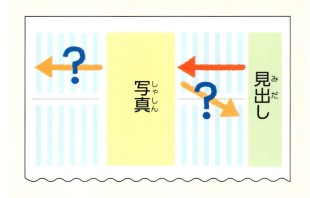

手順5 記事の下書きをしよう

　インタビューや資料をもとに、記事を書きます。記事を書くときは、原稿用紙やます目のノートを使うと、文字の数がわかりやすくなります。記事にそえる絵、図、写真も考えましょう。ようすを伝えるには、写真が効果的です。説明には文章よりも、絵や図のほうがよりわかりやすくなることがあります。

　新聞の記事は見出しと本文で成りたっています。見出しと本文が合うように記事を書きましょう。

> 説明を文章でたくさん書いてもわかりにくいね。右のように、図にしたほうがみんながわかりやすいときもあるよ。

伝えたいことを読む人にわかるように書こう

● 5W1Hを意識して書こう

When（いつ）・Where（どこで）・Who（だれが）・What（何を）・Why（なぜ）・How（どのように）は、英語の頭文字をとって5W1Hといいます。5W1Hを記事に入れて書くと、読む人がわかりやすい文章になります。

● 逆三角形の組み立てを考えよう

新聞では、最初に見出しで結論を伝え、細かい説明を後から加えます。

※見出しに続く書き出し。要点を示す。

手順6 まちがいがないか、読みかえそう

記事の下書きにまちがいがないかを、グループで確認し合います。

- 文字のまちがいはないだろうか？
- ぬけている文字はないだろうか？
- 文の終わりは統一されているだろうか？（「です」「ます」か「だ」「である」に統一）
- 句読点（「。」「、」）の位置は正しいだろうか？

手順7 清書をしよう

　わりつけをもとに、新聞用の紙に書いていきます。えん筆で書いてから、ペンでていねいに清書をしましょう。色をぬったり、大きな文字やカラーペンを使ったりして、読み手を引きつける工夫をしましょう。

紙面で伝える方法

発表用のポスターをつくろう！

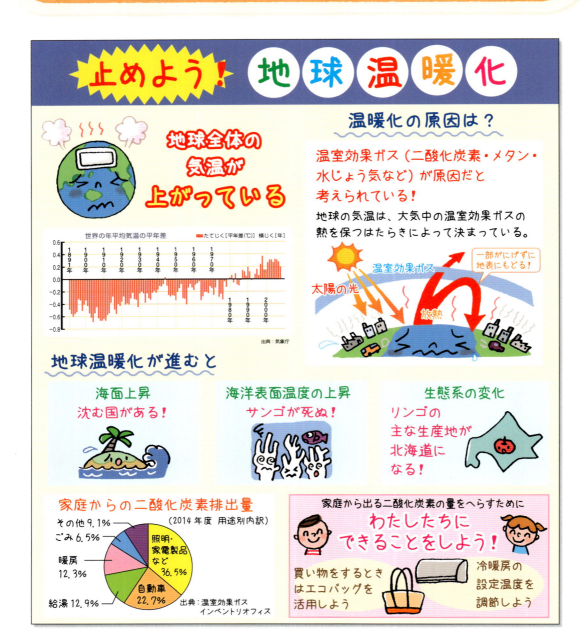

ポスターづくりの進め方

1. どんなポスターをつくるかを決める
2. ポスターの構成を決める
3. 発表内容をまとめる

手順1　どんなポスターをつくるかを決めよう

ポスター発表用のポスター、プレゼンテーション用のポスターは、調べたことを発表するためのものです。発表者の説明と合わせて、内容をよく理解してもらうためにつくります。

発表のテーマが決まり、資料を集めた後は、資料を整理して、ポスターに書く内容を決めましょう。　プレゼンテーション（ポスター発表）は24ページ〜29ページ ▶▶▶

手順2　ポスターの構成を決めよう

発表内容の順番を決めよう

発表内容の順番を決め、ポスターの構成を発表順に合わせます。発表内容に番号をつけておくと、ポスターとの関連がわかりやすくなります。

手順3　発表内容をまとめよう

要点をことばで表そう

ポスターに書く内容は、発表原稿の要点をまとめたものと、発表を補うための図やグラフです。ポスターにすべての説明を書くのではなく、大事なことだけにしぼり、補足して説明したいことは発表のときに言いましょう。

ポスターには、まとまりごとに、ひとめで内容がわかるような見出しをつけます。低学年の人も読むポスターであれば、できるだけ難しいことばは使わないようにしましょう。

ポスターの最後には、「まとめ」として、調べて考えた自分たちの意見などをそえてもよいでしょう。

発表の根きょとなる情報を図やグラフ、表で表そう

「こんなことが起こっているよ」「こんなことがわかったよ」と発表したいときは、情報のもとになる資料をしょうかいするほか、実際の写真を見せたり、情報からわかったことを図やグラフに表したりしましょう。

グラフにしよう

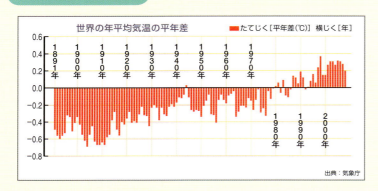

「地球の温度が上がってきているよ」と言うだけより、気温の移り変わりをグラフで表して見せるとよくわかるね。

発表した資料には、どこからの情報かがわかるように「出典」を入れておこう。

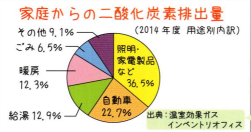

出典

円グラフに表すと、排出量の多いものがわかりやすくなるね。

図にしよう

● 発表原稿

太陽はいつも地球にたくさんの熱と光をあたえてくれます。太陽の熱は、まず地面をあたためます。あたためられた地面から熱が出て、大気をあたためます。この熱の一部は宇宙ににげ、一部は大気に保たれます。すべての熱がにげると地球はマイナス18℃くらいになるといわれます。しかし、大気中に温室効果ガスがたくさんためこまれてしまうと、太陽からの熱を大気がためこみやすくなって、地球全体の気温がどんどん上がってきます。

● 図

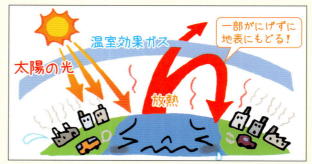

温室効果ガスによって温暖化が進むことを説明文だけでなく、図でも説明するとわかりやすくなるね。

紙面で伝える方法
パンフレット、リーフレットをつくろう！

パンフレット

リーフレット

パンフレット、リーフレットづくりの進め方

1. どんなパンフレット、リーフレットをつくるかを決める
2. パンフレット、リーフレットのページ展開を決める
3. 資料を集める（➡15ページ）
4. 下書きをする（➡17ページ）
5. まちがいがないか、読みかえす（➡17ページ）
6. 清書する（➡17ページ）
7. コピーする

手順1　どんなパンフレット、リーフレットをつくるかを決めよう

　パンフレット、リーフレットは、何かの情報を知らせるためのものです。どんな目的でつくるのか、何を伝えたいかを話し合って、入れたい内容を決めます。

　パンフレットは、5、6ページていどのものから、数十ページもあるものまでさまざまです。

　リーフレットは、1枚の紙を2つ折りや3つ折りにしてつくったものです。表と裏の面が使えるので、2つ折りで4面、3つ折りで6面の構成になります。

　パンフレット、リーフレットとも、しょうかいする情報量に合わせて、紙の大きさや枚数、折り方を決めましょう。

> 例：わたしたちの町じまん → 「さくら町周辺おすすめガイド」
> ● さくら町周辺のおすすめ場所
> ● さくら町周辺のおすすめ店
> ● さくら町周辺のすてきな人たち

社会で「わたしたちの町のようす」を学習したから、「さくら町周辺おすすめガイド」をつくることにしたよ。

手順2　ページ展開を決めよう

　ページ数を決めたパンフレットでは、どのページにどんな内容をしょうかいするか（ページ展開）を考えます。

　完成した形をつくってみて、そこから23ページのようなページ展開を考えてみると、パンフレットのイメージがしやすいでしょう。地図など大きく見せたいものは、2ページにわたってしょうかいするなど、情報の見せ方を工夫しましょう。

下のように、のりを使う場合や、ホチキスで止める場合があるよ。

パンフレット（6ページ）をつくる場合

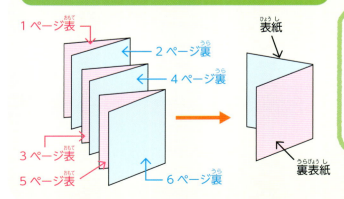

- 表紙と裏表紙をふくめて全部で8ページ
- 4枚を必要な部数分コピーする。
- 表紙と裏表紙は山折りにする。
- ページ番号1・2、3・4、5・6は谷折りにする。
- のりや両面テープではりつける。

表　　裏（この面にのりをつける）

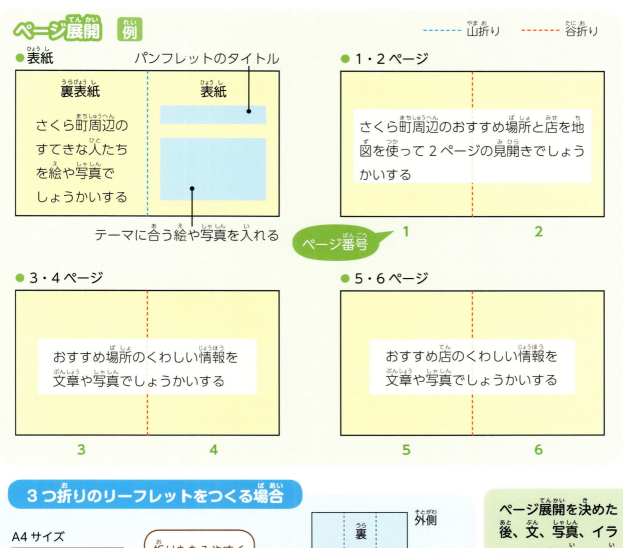

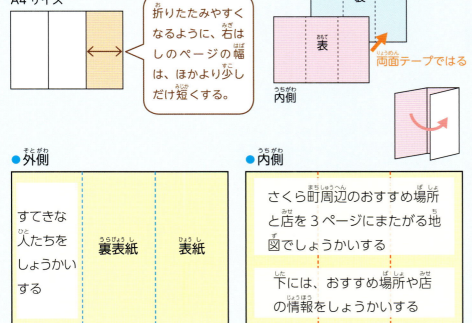

対話しながら伝える方法

プレゼンテーションをしよう！

ポスター発表

◀◀◀◀ ポスターのつくり方は18ページ～20ページ

クラス発表

プレゼンテーションの準備のしかた

① プレゼンテーションのテーマを決める

② プレゼンテーションの形を決める

③ 構成を決める

④ 発表用の資料を準備する

⑤ 発表原稿をつくる

⑥ リハーサルをする

手順1　プレゼンテーションのテーマを決めよう

プレゼンテーションの語源は「プレゼント」だといわれています。プレゼントは相手に喜んでもらえるようなものを考えます。プレゼンテーションも同じです。
聞き手が、あなたのメッセージを受け取ってよかったと思えるようなテーマを考えましょう。

手順2　プレゼンテーションの形を決めよう

プレゼンテーションは、目的、聞き手や場所などによって、発表用の資料の準備や組み立て方がちがってきます。最初に、下のようなことを決めておきましょう。

最初に確認しておくこと

- 発表する目的は？
- 聞くのはどんな人？
- 発表する場所は？
- 発表する人は？
- 聞くのはおよそ何人？
- 発表する時間は？

手順3　構成を決めよう

プレゼンテーションの目的は、聞き手が今まで知らなかったことを伝えることです。聞き手がわかりやすいように、最初に全体のことを話し、それから細かい点の説明をしましょう。

発表する内容の構成を考えよう

構成	発表する内容（キーワード）	説明に使う資料
はじめ		
なか		
おわり		

はじめ 聞き手に興味をもたせる……つかみ・全体像
- **つかみ** 聞き手が身を乗り出してしまうようなニュースや写真などをしょうかいする。
- **全体像** プレゼンテーションのテーマを示す。

なか プレゼンテーションで伝えたいことを、写真・イラスト・グラフなど視覚にうったえる資料を使って発表する。

おわり プレゼンテーションでいちばん伝えたかったことを、最後にもう一度くり返す。聞き手が「なるほど」と納得するような終わり方を目指す。

1ぴきのマグロが生きていくために1000kgのイワシが必要です！

手順4 発表用の資料を準備しよう

　プレゼンテーションは発表者が話すだけでなく、聞き手の視覚にうったえる資料を準備することが大切です。
　かべや黒板にはりだすポスターは、複雑な内容をイラストや写真、図を使ってわかりやすく表します。

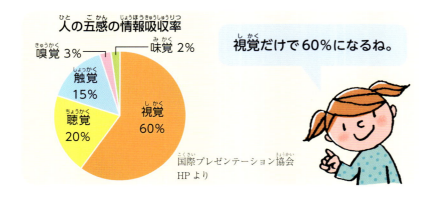

人の五感の情報吸収率
- 視覚 60%
- 聴覚 20%
- 触覚 15%
- 嗅覚 3%
- 味覚 2%

国際プレゼンテーション協会HPより

視覚だけで60%になるね。

興味をもって聞いてもらうには、視覚にうったえる発表のしかたが大切だね。

手順5 発表原稿をつくろう

話す内容をメモにまとめてから、原稿にしましょう。ただし、原稿をそのまま読み上げる形は聞き手にはわかりにくいこともあるので、原稿にまとめず、短い文をならべた形にしてもかまいません。

グループの人に聞いてもらいながら、たりない部分をつけたしていきましょう。このとき発表時間内に終わるよう、内容をしぼることも大切です。

手順6 リハーサルをしよう

発表の前には、時間をはかりながら練習します。時間があまるようであれば原稿をつけたし、時間内に終わらなければ原稿をけずりましょう。

発表資料も準備し、資料のどこを指しながら話すのかを、前もって確かめておきます。できれば発表する場所で、ポスターをはる位置や、聞き手の位置などを確認しましょう。

グループで発表する場合は、だれがどの部分を担当するか、役割を決めておきましょう。

質問されることがらを予想しておこう

　リハーサルでは、発表のわかりにくかったところや、説明がたりなかったところを考え、発表内容がよりよく伝わるようにします。本番で質問されそうなことも予想し、答えを調べて、まとめておきましょう。
　意見を聞いたり、感想を言い合ったりすると、いろいろな見方や考え方があることがわかります。

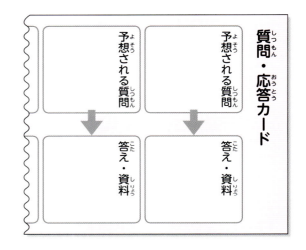

質問・応答カード

予想される質問 → 答え・資料

予想される質問 → 答え・資料

話し方のコツ

聞いている人を見よう！

聞いている人たちのほうを見るときは、「Z」や「の」の字を書くように目を動かしましょう。

- 聞いている人たちの顔を見て話そう。
- できるだけ原稿を見ないで発表しよう。
- 大きな声で、いつもよりゆっくり話そう。
- 内容に合わせて、身ぶりや手ぶりなど、体でも表現しよう。
- 資料に書いてあることをそのまま話すのではなく、自分のことばでわかりやすく伝えよう。

聞き方のコツ

プレゼンテーションは発表者だけのものではありません。聞き手もたくさんの情報を得ることができます。

また、聞き手の反応に、発表者は影響を受け、きんちょうしてしまったり、自信をなくしてしまったりすることもあります。

発表を聞くときは、「発表を聞いているよ」と態度で示してあげましょう。発表者も安心して話を進めることができるので、よりよい情報を引き出すことにもつながります。

対話しながら伝える方法

ポスター発表

質問を受ける
聞き手の反応を見て、「ここの説明はわかりますか？」などとたずねてみます。質問に答えられないことがあってもかまいません。「わかりません」と答えて後で調べ、次の活動に生かしましょう。

発表するときの目線
ポスターばかり見ないで、聞き手のほうをできるだけ見ましょう。

交流する
発表者と聞き手の距離が近いので、聞き手の考えや思いも聞いてみましょう。

ポスターとの関連
ポスターのどこを説明しているかがわかるようにしましょう。

対話しながら伝える方法

質問をもらおう、質問しよう

プレゼンテーションは、一方通行で話すだけのものではありません。発表者が調べた内容を伝えるだけでなく、聞き手から質問することも重要です。
発表者は聞き手の反応を見て、聞き手に伝わっているかを確認しながら発表しましょう。

発表者

質問をたくさんもらおう

質問されると、聞き手に何が伝わりにくかったのか気づくことができます。たくさん質問を受けるにはどうすればよいでしょう。

話の切れ目で時間をとろう！
「ここまでの話のなかで、質問はありませんか？」

発表者から質問をしよう！
「北極の氷がとけてきていると聞いたことがありますか？」

質問をもらったときは？

質問をもらうということは、聞き手が発表内容に関心をもっていることを表します。また、質問されたことで、今まで気づかなかったことにも気づくことができます。
質問されることは、自分の考えをふかめるチャンスととらえて、気持ちよく答えましょう。

山田さんからの質問は〇〇についてですね。

聞き手

質問しよう！

質問をしようと思うと、発表の内容をよく聞くことになります。質問をすれば、より多くの情報を引き出すことができます。理解できなかったことがあれば、気軽に質問をしてみましょう。

いつ質問すればいい？

発表会の形式によります。最後まで発表を聞いてから質問の時間をとる場合と、発表のとちゅうであっても質問してかまわない場合があります。えんりょしないで声をかけましょう。

発表のとちゅうですが、質問してもいいですか？

どんな質問をすればいい？

質問はだらだら話さないで、短くまとめます。理解できなかったことばや、相手の意見の根きょなどについて、聞いてみましょう。発表の内容とはちがう見方があれば、問いかけてみましょう。

このことを調べようと思ったのはなぜですか？

〇〇って、どういうことですか？

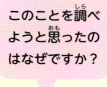

〇〇の話は、どこからの情報ですか？

こういう見方もあると思うのですが、いかがですか。

調べるときに工夫したのはどんなことですか？

調べてみて、どんなことを考えましたか？

お互いの考えをふかめるような話し合いができるといいですね。

質問するときに気をつけることは？

大きな声で質問しましょう。
相手を困らせるだけの質問や、傷つけるような言い方をしないように気をつけましょう。

対話しながら伝える方法

対話しながら伝える方法

ディベートをしよう！

ディベートの準備のしかた

1. ディベートの論題を決める
2. 自分の立場を決める
3. 役割を決める
4. 賛成・反対を主張するための理由を考える
5. 質問を考える
6. 主張する人を決める

ディベートは1つの問題を、賛成と反対の立場に分かれて主張し合う話し合いです。最後に、審判が勝敗の判定をします。

ディベートはけんかではありません。1つの物事について賛成と反対の両面から考え、比較ができるので、ちがう立場で考える訓練になります。そのうえ、自分と異なる立場の人から反論されたときに、自分の主張に相手を説得するだけの理由づけをする練習にもなります。

ディベートは、考える力をきたえるためにはとてもよい方法です。

手順1　ディベートの論題を決めよう

ディベートの論題は、「教室の座席は自由にすわるほうがよい」「遠足の班は好きな者どうしにしたほうがよい」「学級文庫にマンガをおいたほうがよい」など、賛成・反対の立場で話しやすいものを選びましょう。

たとえば、取り上げるテーマが、「制服について、みんなの意見が知りたい」などと決まれば、賛成・反対が主張しやすいように、「小学生は制服のほうがよい」と論題をはっきりさせます。

手順2　自分の立場を決めよう

論題が決まれば、論題に対して賛成か反対か、自分の立場を決めます。ディベートでは、賛成や反対の主張を、説得力のある理由をもとに発言することが大切です。

賛成派か反対派かを決める方法として、自分の考えに合わせて選ぶ場合もありますが、自分の考えに関係なく、ディベートを討論のゲームとしてわりきって分ける方法もあります。

手順3　役割を決めよう

ディベートを円滑に進めるため、次のような役割を決めておきます。

- 司会：全体の進行役。ディベートが時間通り進むようにリードする。会議の進行計画をたて、進行表をつくっておく。
- 書記：全員の発言や決まったことを記録する。
- 計時係：ストップウォッチを使って、発言時間をはかる。
- 賛成派：論題について賛成する意見を言う。
- 反対派：論題について反対する意見を言う。
- 審判：賛成・反対の意見のどちらに説得力があるかを判定する。

手順4　賛成・反対を主張するための理由を考えよう

賛成派、反対派の人は、賛成・反対の理由を明確にした主張を考えます。
　主張は、賛成・反対の理由をいくつか書き出し、そこから討論のための意見文にまとめていきます。主張の根きょとなる資料も準備しましょう。

主張	
理由1＋根きょ	
理由2＋根きょ	
理由3＋根きょ	

← はじめ……自分の立場を明確に言う。
「わたしは、『小学生は制服のほうがよい』という論題に賛成です。」

← 理由……意見の理由をあげる。理由が1つではなく、2つ以上ある場合は、「理由は3つあります」などと、最初に明示する。
「賛成する理由は3つあります。1つめは……」

手順5　質問を考えよう

賛成派、反対派の人は、それぞれの主張する意見に対して予想される質問を考え、答えを用意しておきます。また、賛成派、反対派の人の主張を予想し、それに対する質問も考えておきましょう。
　質問や反論は、1回の発言につき1つにします。感情的な発言や個人を攻撃する発言をしてはいけません。

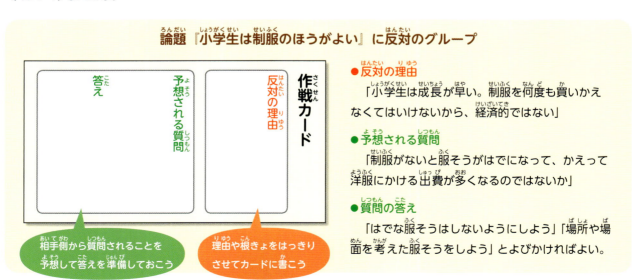

論題『小学生は制服のほうがよい』に反対のグループ

作戦カード
- 反対の理由
- 予想される質問
- 答え

●反対の理由
「小学生は成長が早い。制服を何度も買いかえなくてはいけないから、経済的ではない」

●予想される質問
「制服がないと服そうがはでになって、かえって洋服にかける出費が多くなるのではないか」

●質問の答え
「はでな服そうはしないようにしよう」「場所や場面を考えた服そうをしよう」とよびかければよい。

相手側から質問されることを予想して答えを準備しておこう

理由や根きょをはっきりさせてカードに書こう

手順6 主張する人を決めよう

賛成派グループ、反対派グループの人たちは、「はじめの主張」はだれがするか、質問や質問を受けたときの答えはだれが行うかなど、役割を決めて話し方の練習をしておきましょう。

ディベートの流れ

❶ 司会者——開会のあいさつ
論題の確認と賛成グループ・反対グループのしょうかいをする。話し合いの流れを説明する。

❷ 賛成グループ——はじめの主張
反対グループ——はじめの主張
賛成グループ・反対グループの代表が、それぞれの立場ではじめの主張をする。制限時間を守る。

❸ 作戦タイム
賛成グループ・反対グループの主張を聞いて、次にどんな質問を行うのかを決める。

❹ 反対グループから賛成グループへの質問・その答え
反対グループ…賛成グループへ質問。
賛成グループ…反対グループから出された質問に答える。

❺ 賛成グループから反対グループへの質問・その答え

❻ 作戦タイム　結論をまとめる。

❼ 賛成グループ——最後の主張
反対グループ——最後の主張

❽ 審判——判定する
これまでの討論を聞いて、賛成派、反対派のどちらが勝ちかを判定する。
●判定の基準
意見の述べ方に説得力があるか。資料に説得力があるか。

討論が終わったら
審判以外の人たちも、賛成と反対のそれぞれのグループの発言をふり返り、どのような点に説得力があったかを話し合いましょう。また、賛成・反対の両方の意見を取り入れる方法はないか考えてみましょう。

対話しながら伝える方法

対話しながら伝える方法

学級討論会をしよう！

学級討論会の準備のしかた

1. 学級討論会の議題を決める
2. 司会者と記録係（書記）・板書係を決める
3. 座席の準備をする

学級討論会には、賛成か反対かの意見だけでなく、人によってさまざまな意見が出るような大きなテーマが合っています。みんなで意見を出し合うことで、考えをふかめ、よりよいアイデアをつくっていきましょう。

わたしのクラスでは、学級討論会の議題を「町を訪れる外国からの観光客に喜ばれる工夫を、町役場に提案しよう！」と決めて話し合ったよ。

対話しながら伝える方法

学級討論会の流れ

❶ 司会者——開会のあいさつ

議題の確認と話し合いの流れを説明する。

❷ 議題について、クラス全員が考え、意見を出し合う

ほかの人の意見のメモを取り、自分ならどう考えるかを発言しましょう。

町の人が英語で簡単なあいさつができるようなパンフレットをつくったらどうかな。

司会者は、全員が意見を発表できるように気を配ります。

お寺でトイレの場所を外国人に聞かれたことがあるわ。トイレの場所を書いた英語の案内板があったらいいと思います。

さくら丘の駅に英語の地図をおいたらいいと思います。

❸ **板書係が意見を黒板に書く**

❹ **司会者が、それぞれの意見について、質問や反論がないか聞く**

今まで出た意見について、質問や反論はないですか。

❺ **司会者がにたような意見をまとめていく**

ここまでのみんなの意見をまとめてみると、大きく2つに分けられます。
ほかに意見がなければ、これからはこの2つの内容で進めていきたいですが、いいですか。

❻ クラス全員でもう一度考え、意見を出し合う

❼ 司会者が結論をまとめ、閉会する

意見がまとまったら、司会者が全員に確認します。全員が納得すると、結論を出します。

ものと体を使って伝える方法

劇をつくろう！

劇の準備のしかた

1. どんな劇にするかを決める
2. 台本をつくる
3. 役割を決める
4. 背景や小道具を準備する
5. リハーサルをする

手順1 どんな劇をつくるかを決めよう

劇は伝えたいことを台本にして、それをもとにことばと動作で表現します。
本をもとに演じるだけでなく、調べ学習でわかったことや体験したことなどを劇にする場合もあります。

本をもとに劇をつくる
登場人物が多いもの、せりふが多いもの、動きが多いものを選ぶと、劇がしやすくなります。

自分たちで調べたことをもとに劇をつくる
構成を起承転結で組み立てると、劇がつくりやすくなります。

- 起……物事の始まり
- 承……話が進む
- 転……急に話が変わる
- 結……話がまとまる

調べてわかったことや体験などをもとに劇をつくる
地球温暖化問題やごみ問題、地域の課題などを調べて、みんなに問題点を考えてもらう劇にすることもできます。

メッセージを伝えよう

プレゼンテーションでは、テーマを決めるときに、何を伝えたいかを考えました。劇も同じです。どんな劇をつくるかを決めるときには、見にきてくれた人たちに何を伝えたいかを考えると劇の内容がはっきりしてきます。

琵琶湖で外来魚のブラックバスやブルーギルが増えて、昔からいたフナやモロコがへっていることがわかったよ。

外来魚、フナ、モロコが出てくる劇をつくればよさそうだね。

「ほかの場所からもってきた生き物や、家で飼えなくなった生き物を、川や池にはなしてはいけない」と伝えたいわ。

ものと体を使って伝える方法

手順2 台本をつくろう

登場人物のせりふや動作を書いたものが「台本」です。せりふや動作で表せないことがらは、ナレーターが説明をします。
台本を先につくる場合と、演じながら台本をつくっていく場合とがあります。

台本づくり

❶ 登場人物、あらすじを確認する
登場人物の特ちょうをまとめておきましょう。人物ごとにせりふや動作を書き分けるときの参考になります。

❷ 場面を分ける
場面ごとに背景を変えるので、4つくらいに分けましょう。

❸ 登場人物のせりふ、ナレーターの説明を決める
登場人物のせりふは長くならないようにし、説明が必要なところはナレーターが話すようにします。

❹ 登場人物の動作や表情を書き加える（ト書き）
劇を演じる人のために、せりふのところに、表情や動作などを書き加えます。

手順3 役割を決めよう

劇をするには、役を演じる人（出演者）、ナレーター、音楽係、小道具係などが必要です。演じることから学べることが多いので、みなで準備して、みなで演じられるようにしましょう。

役割表
- 出演者
- ナレーター
- 背景係
- 小道具係
- 衣装係
- 音楽係

手順4 背景や小道具を準備しよう

背景・小道具

台本に出てくることばをヒントに、風景やものを想像してつくります。ダンボールやおり紙、色画用紙、ペットボトルなどを工夫して使いましょう。

魚をつくるわ。

海そうはわたしがかくわ。

魚はたくさん必要だから、何人かでつくったほうがいいね。

衣装

衣装係を中心に、台本に合わせた衣装を準備します。家にあるもので工夫してつくりましょう。

音楽

登場人物が動くときや、場面の変わり目などに合わせて、劇の内容が伝わるような音楽を流しましょう。

出演者

台本をもとに、せりふをくり返し練習して覚えましょう。

わかりにくいところがあれば、せりふをつけたしたり、ナレーターのことばを変えたりしながら、台本を完成させます。

役に合わせた動き、役の気持ちを考えて演じましょう。

手順5 リハーサルをしよう

背景、小道具、衣装、音楽も使って、劇を最初から最後まで通して演じます。だれかが観客席から見て、出演者の位置を確認したり、観客の立場で劇のチェックをしたりしましょう。

演技のコツ

はずかしがらずに、顔を上げて、表情がよく見えるようにする。

何をしているかがわかるように、動作を大きくする。

出演者はできるだけ観客に背中を向けずに、舞台の中央で演じる。

ものと体を使って伝える方法

ワークショップをしよう！

ワークショップの準備のしかた

1. 伝えたいメッセージを決める
2. 体験のための資料を集める
3. 発表の流れを決める
4. 発表に使うものを準備する
5. 役割を決める

手順1 伝えたいメッセージを決めよう

　ワークショップは、参加者にいろいろなことを体験してもらいながら発表する方法です。話や図だけではわかりにくいことがらを伝えたり、自分のこととして考えてもらったりするときに適しています。ワークショップを通して、どんなメッセージを伝えたいのか考えましょう。

わたしたちが調べてきたユニバーサルデザインについて発表したいね。

いろいろなユニバーサルデザインがあって、おもしろいね。

ユニバーサルデザインの大切さを伝えたいな。

どんなユニバーサルデザインが必要か考えてもらいたいよ。

手順2　体験のための資料を集めよう

- ユニバーサルデザインの大切さを伝えるためには、どんな体験をしてもらうといいかな。
- 右利きの人には、左利きの人用のハサミを体験してもらいたいわ。
- 目の不自由な人に向けた、点字の本や新聞もあるよ。
- 車いす体験をしてもらったら、どうだろう。
- お腹に赤ちゃんがいるお母さんの体験ができる方法もあるよ。
- どんなユニバーサルデザインが必要か、付せん紙で参加者にアイデアを出し合ってもらってもいいかも。

手順3　発表の流れを決めよう

参加者に体験してもらう内容を決めて、発表の流れ、時間配分などを考えましょう。

発表の流れ

テーマ例：ユニバーサルデザインについて考えよう

❶ ユニバーサルデザインとは何かについて説明する。

❷ 体験コーナーで体験してもらう。

❸「どんなユニバーサルデザインが必要だろう」について、アイデアを出し合ってもらう。

❹ まとめ
感想やアイデアを発表してもらう。

ものと体を使って伝える方法

手順4 発表に使うものを準備しよう

発表に必要なものを準備します。
体験してもらうものをおいておくだけでなく、関連する内容を説明するためのポスターやパンフレットを準備します。

手順5 役割を決めよう

みんなが参加者のそばについてしまうと、進行がうまくいきません。当日、司会者は前にいて、全体を見わたすようにします。体験してもらうところでは、参加者に作業の手順をわかりやすく説明することが大切です。参加者がけがをしないよう、安全に気をつけましょう。
司会者以外の発表者は、サポーターとして参加者のそばで体験の手伝いをしましょう。
また、ただ体験してもらうだけでは、参加者からは「楽しかった」「おもしろかった」といった感想しか得られません。体験を通して何を知ってもらいたいか、何を考えてもらいたいのかが伝わるように工夫することが大切です。

> ワークショップは、発表者と参加者がいっしょにつくっていくものです。
> 参加者から出されたアイデアを記録し、今後に生かしていきましょう。

いったん道具をおいて、こっちを見てください。続きをやりたい人は、後で時間をとりますのでそれまで待ってください。

司会者
司会者は上手に場を仕切ることが大切。その時々に何をすればよいのかが参加者にわかるように説明する。

サポーター
サポーターは、体験がうまくできるように、参加者のそばで見守る。参加者がとまどっていたら手助けする。質問されたら、補足の説明をする。

さくいん

あ
- インタビュー　14・15・17
- 運動会　12・14・15
- 円グラフ　15・20

か
- 学級討論会　9・36・37
- かべ新聞　12・13
- 聞き方のコツ　29
- 聞き手　31
- グラフ　20
- 劇　8・40〜43
- 原稿　27
- 構成　25・26
- 5W1H　17

さ
- 下書き　17
- 紙面で伝える方法　8・12・18・21
- 新聞　8
- 清書　17

た
- 台本　42
- 対話しながら伝える方法　9・24・30・32・36
- 地球温暖化　10・18
- ディベート　9・32・33・35

は
- 発表者　30
- 話し方のコツ　28
- パンフレット　8・21〜23
- 表　15
- プレゼンテーション　9・24〜26・29・30
- ページ展開　22・23
- 棒グラフ　15
- ポスター　18・19・29

ま
- ものと体を使って伝える方法　8・40・44

や
- 役割　33・42・46
- ユニバーサルデザイン　44・45

ら
- リーフレット　8・21〜23
- リハーサル　27・43

わ
- ワークショップ　8・44・46
- わりつけ　16

監修者紹介	**西岡 加名恵**（にしおか かなえ）

京都大学教育学部卒業、同大学院教育学研究科修士課程修了後、イギリスのバーミンガム大学にてPh.D.(Ed.)を取得。鳴門教育大学講師を経て、現在、京都大学大学院教育学研究科准教授。専門は、教育方法学（カリキュラム論、教育評価論）。『教科と総合学習のカリキュラム設計』（単著、図書文化社）、『「資質・能力」を育てるパフォーマンス評価』（編著、明治図書出版）など、著書多数。

構成・編集・執筆	**株式会社 どりむ社**

一般書籍や教育図書、絵本などの企画・編集・出版、作文通信教育『ブンブンどりむ』を行う。絵本『どのくま？』『ビズの女王さま』、単行本『楽勝！ミラクル作文術』『いますぐ書けちゃう作文力』などを出版。『小学生のことわざ絵事典』『1年生の作文』『3・4年生の読解力』『小学生の「都道府県」学習事典』（以上、PHP研究所）などの単行本も編集・制作。

イラスト	すみもと ななみ

資料提供・協力	奈良女子大学附属小学校、京都市立堀川高等学校、大貫守氏、望月実氏

主な参考文献	

『教科と総合学習のカリキュラム設計』（図書文化社）
『総合学習とポートフォリオ評価法 入門編』（日本標準）
『総合と教科の確かな学力を育む ポートフォリオ評価法 実践編』（日本標準）
『E.FORUM 共同研究プロジェクト【プロジェクトS】「スタンダード作り」基礎資料集』（京都大学大学院教育学研究科E.FORUM）
『学びの技 14歳からの探究・論文・プレゼンテーション』（玉川大学出版部）
『課題解決力と論理的思考力が身につく プロジェクト学習の基本と手法』（教育出版）
『はじめよう！ アクティブ・ラーニング 1～5』（ポプラ社）
『調べて、まとめて、コミュニケーション 1～5』（光村教育図書）
『調べてまとめて新聞づくり 1～5』（ポプラ社）
『朝日ジュニア学習年鑑2016』（朝日新聞出版）

アクティブ・ラーニング 学習発表編
新聞づくりからディベート、ワークショップまで

2017年3月3日　第1版第1刷発行

監修者　西岡加名恵
発行者　山崎　至
発行所　株式会社PHP研究所
　　　　東京本部　〒135-8137　江東区豊洲5-6-52
　　　　　　　　　児童書局　出版部　☎03-3520-9635（編集）
　　　　　　　　　　　　　　普及部　☎03-3520-9634（販売）
　　　　京都本部　〒601-8411　京都市南区西九条北ノ内町11
　　　　PHP INTERFACE　http://www.php.co.jp/
印刷所　共同印刷株式会社
製本所　東京美術紙工協業組合

©PHP Institute, Inc. 2017 Printed in Japan　　ISBN978-4-569-78628-5
※本書の無断複製（コピー・スキャン・デジタル化等）は著作権法で認められた場合を除き、禁じられています。また、本書を代行業者等に依頼してスキャンやデジタル化することは、いかなる場合でも認められておりません。
※落丁・乱丁本の場合は弊社制作管理部（☎03-3520-9626）へご連絡下さい。送料弊社負担にてお取り替えいたします。
47P　29cm　NDC375